JN409239

월영산에서

松波 高錫元 第14詩集

엠-애드

열네 번째 시집을 내면서

열세 번째 시집
졸저《당신은 코스모스로 오셨습니다》를 낼 때도
석 달 만에 냈는데…

바로 돌아서서 넉 달 만에
다시 시집을 낸다는 건
무리인 줄 알지만,

써놓은 시들을 그냥 두고
볼 수는 없어
이번에도 용기를 내서

열네 번째 시집 제목을《월영산에서》로 정하고,
부끄러운 시 60편의 새 시를 담아서
나와 내 시를 사랑하는 독자님들께 바칩니다.

2011. 5. 3
저자 松波 高錫元

Contents

차례

1부 월영산(月影山)에서

2부 능소화야!

3부 장똘뱅이 할아버지

4부 남성교회 식당에서

5부 내 고향 역멀은

1부

월영산(月影山)에서

월영산(月影山)에서

1974년 선유도중 가을소풍지
월영산을 이제 다시 오르려니,
하얀 칼라 단발머리
중2였던 네 생각이 나는구나!

너는 가느다란 막대기를
내 손에 쥐어주고는
앞에서 날 끌고
신시도 월영산을 올랐었지!

그때 넌 너무 신바람이 나서
펄펄 날라 다녔는데…
그 이듬해 3월 전근발령을 받고
내가 선유도중을 떠나던 날

헤어지기가 섭섭하여 배안에서
눈이 붓도록 한없이 울던 네 얼굴이
오늘 달그림자가 되어 어디를 가도
아리울 월영산에 가득하구나!

그대만 생각하면

독서를 하다가도
감동만 받으면 내 생각이 난다고
그댄 말씀하셨지요!

그러시면서 그게
왜 그런지 모르겠다고
의아스런 표정을 지으셨지만,

그 말씀은
그대 안에 나도 항상
그대와 함께 있다는 말이니…

나 언제나
그대만 생각하면
이다지도 행복할 수가 없습니다.

고백 4

당신이 원피스를 입고 오셨던 날
당신의 가녀린 모습이
어찌나 곱고 아름다웠던지

물방울무늬 새 원피스가
너무 아름답다고
나는 칭찬을 했었지요.

내 말은 원피스를 입은 당신이
아름답단 말이었는데,
당신은 그런 것도 모르니…

나 정말 이럴 땐
어찌해야
내 마음 바로 전할 수가 있을까!

행주치마

그대는 오늘도 내게
웃음덩어리가 되어 오셨습니다.

그대의 살가운 모습만 봐도
내 마음도 덩달아 부드러워지는데…

오늘 물젖은 행주치마는
더 아름답고 보기에 좋았으니

나는 언제나 그대 때문에
마음이 편하고 참 좋습니다.

당신과 함께라면

당신이 오늘 내게
차 한 잔 하자고 하셔서

나는 자판기 커피 한 잔
하자는 줄만 알았습니다.

나는 당신과 함께라면
무엇이나 다 좋은데…

그보다는 당신이 날
좋아하는 것만 같아 더 좋았습니다.

내 봉창 속에

내 봉창* 속에
은밀히 넣어준
당신의 초코릿 한 봉지!

당신은 쑥스러워
누구하고 나눠먹으라
일부러 신신당부하셨지만,

동글동글 하얀
은박지 초코릿이
꼭 당신 모습만 같아서

누구도 몰래 나만 혼자
깊숙이 숨겨두고
두고두고 먹겠습니다.

*봉창: 호주머니의 전라도 방언

좋아한단 말 그 한 마디는

그대와 나 둘이서만 만난다면
무슨 못할 말이 있겠는가?
나는 여직껏 그렇게만 생각했습니다.

그런데 오늘 처음으로 그대와 나
편도 일차선 시골길 따라 한나절이나
둘이서만 드라이브를 하면서도

일상 하던 말만 되풀이 하다가
정작 좋아한단 말 그 한 마디는
끝내 하질 못하고 헤어지고 말았으니…

그대 맘은 내 알 수 없어도
나는 정말 그대를
사랑하고 있는지도 모릅니다.

창가에 서서

그대의 입은 태연한 척 하지만
눈은 서두르고 있다.
누군가를 사랑하고 싶어서…

왜 망설이는가?
겨울이 오기 전에
우리 사랑을 하자

그대 내 등에 업혀라!
내가 그대를 업고
천리라도 같이 가주마!

도무지 종잡을 수가 없습니다.

나는 당신의 마음을 도무지
종잡을 수가 없습니다.

나 없이는 못 살기라도 하듯
호들갑을 떠시다가도
언제는 본체만체 그냥 가버리시고,

단 둘이 있을 땐 손도 한 번
잡아 주시지 않으면서도

사람들이 보는 앞에선 날
스스럼없이 안아주시니…

나는 당신의 마음을 도무지
종잡을 수가 없습니다.

관심 2

오늘 체중에 관한 말을 하다가
그대에게 알맞은 체중은
얼마나 되면 좋으냐고
그대는 내게 물으셨지요?

난 아무런 생각도 없이 그냥
그대의 키도 모르면서
54키로쯤 되면 좋겠다고
얼버무려 대답했는데…

내 말을 듣고 그대는
얼굴 살은 그대로 두고
2키로를 빼야겠다고
혼잣말로 그렇게 말씀하셨지만…

내 귀에는 그 말씀이 꼭
내게 관심을 보여주는
말씀만 같아서 집에 와서도
생각할수록 참 좋았습니다.

구불길에서

굽이굽이
산굽이 물굽이
옥산 수원지
청라언덕 구불길 따라

옥색 호수 위에
동 동 동 동
물새 두 마리
너무나도 아름답구나!

나도
이다음에 올 땐
꼭 우리 님과 같이 와서
다정히 손을 잡고

이 아름다운 구불길을
저 물새들처럼
꼭 저렇게
오순도순 걸어봐야지!

무지개 3

사랑한단 말이
너무 쑥스러워
그냥 웃기만 했지요.

같이 있고 싶단 말이
차마 나오질 않아
초코릿 하나를 드렸습니다.

허지만 당신은
잠시 보였다가 금방 사라지는
산 너머 무지개일 뿐입니다.

그래도 당신은 일곱 가지 색깔로
내 안에 항상 남아계시니
나는 당신 때문에 행복합니다.

2부 능소화야!

능소화야!

빈집 마당가 참쭉나무를 타고
높이 올라앉아
얼굴을 내민 아름다운 능소화야!

넌 같이 사는 사람도
찾아오는 사람도 없으니
너무나도 외롭겠구나!

얼굴마저 벌게 가지고
지나가는 사람이라도
훔쳐보고 싶어서 그러느냐?

너같이 품위 있고 고아한
사대부 양반 꽃도
고독 앞에선 어쩔 수가 없나보지?

낙서

수송동 시내버스 승강장 벽에
널려 있는 많은 낙서들!
거의 가 다 사랑타령인데…

그 많은 것 중에서도
'남친*이 있었으면 좋겠다.'
'mee too'* 가 내 맘을 끄는 건
내가 지금 낙서를 한다 해도
그 말밖엔 없으니 말이다.

구석기 크로마뇽 동굴에도
풍만한 여체와 성기
성교장면이 새겨진 걸 보아서도
이성간의 사랑은 인류 최고의 바램이니…

성경에서도 새로운 것은
하나도 없다고 했듯이
원시인들이 하던 짓을
현대인이 그대로 하고 있는 걸 보아서도

지금 저 낙서는
인류종말까지 이어지겠지?

*남친: 남자친구의 약자

*me too: 나도

똠방치마

검정 쫄바지에
히프마저 들어 내놓은
똠방치마 아줌마!

당신은 오늘
회식자리에 오셔서
그냥 앉지를 않고,

미소를 머금은
그 예쁜 엉덩이를
한참이나 흔들어 보이셨지요!

그 자리가 너무
점잖은 자리였기에
당신의 춤은 더 예술이었습니다.

국화뿌리를 얻어오던 날

작년에 얻어다 심은 국화꽃이
올해 보니 피는 모습이 하도 예뻐서
좀 더 늘려볼까 하고
염치없이 다시 찾아갔더니…

주인은 노란 국화 말고도
꽃자주색 국화까지
골고루 담아가지고 와서는
차 트렁크에 넣어주네!

너무 고마운 마음에
시집 한권을 싸인 해서 주었더니,
예쁜 꽃이라며 공작도 주고
잔디꽃도 더 주었으니…

나도 내년 시월 주황색 꽃망울
부풀어 터질 때면
좋은 이에게 나눠줄 일 생각하니
벌써부터 마음이 흐뭇하구나!

핸드폰

초등학교 꼬마들까지도 잘 다루며
생활의 이기로 써먹는 핸드폰을
나는 전화 기능만으로 만족하고 있으니…

생각해보고 말 것도 없이
문명의 이기는 사람이 살아가는 데에
편리하고 유익하도록 그 기능을
잘 익혀 많이 활용할수록 좋지만,

아는 게 많으면 고생이란 말도 있듯이
시시콜콜 너무 소상히 잘 알아도
때로는 아는 것이
독이 될 수 있는 사람도 있으니…

생각해 보면 내게도 핸드폰은 없는 게 낫지만
그렇다고 없앨 순 없으니 전화나 받고
흙과 더불어 옛날처럼
밭을 갈고 글이나 쓰며 살고 싶구나.

장항산림욕장에서

장항 해변 가 여름 솔밭에 가면
날마다 백사장에 가까이 있는
모정 쟁탈전이 벌어지는데…

솔밭 속 빈 평상에 앉아
하루를 보내고 나서야
그게 아니라는 걸 깨달았네.

솔밭 속에 부는 바람은
바닷바람이 솔밭을 스치면서
습한 기운을 뺏겨 쾌적하기도 하지만…

언덕을 넘어온 산들바람은
황토기운과 솔바람이 섞어지고
땡볕 백사장 자외선이
체감된 바람이기 때문이다.

효당갈력(孝當竭力)

나 어렸을 적에 우리할아버지
내게 천자문을 가르치실 때
효당갈력(孝當竭力)* 한 줄을 가르치시면서,

효는 백행지원(百行之原)이라하시며
부모에게 불효하는 자는
금수(禽獸)만도 못하다고 하신 말씀
지금도 내 귀에 역력합니다.

할아버지 분가하실 때
떼어주는 논밭 살림깽이 다 마다하고
기와집 둘째 아들이
삼간 흙담집 손수 지어 분가하셔서,

지극정성 부모님께 효도하고
악의악식(惡衣惡食) 자수성가(自手成家)
노년엔 기민(饑民)을 주시며 살았으니…

성경말씀을 굳이 들추지 않아도
할아버지 무병장수는
정말 지극히 당연한 것이었습니다.

*효당갈력(孝當竭力):효도 효, 마땅 당, 다할 갈, 힘 력

옥산우체국에서

2011년 2월 9일
슬픈 전화를 받고 혼자 울다가
옥산우체국에 사진을 부치러 갔는데,

문현실 양은 웃음덩어리가 되어
날 보고 멋있다고 마구 추켜올리고,
박옥선 국장은 커피를 빼다주며
계속 함박꽃 눈웃음 공세를 폈으니…

돌처럼 굳어있던 내 마음이
서서히 풀어지고 녹아져서
화평한 마음으로 돌아왔네.

나 이담에도 누가 또
내 맘 긁고 아프게 하면
무조건 옥산우체국을 찾아가야지.

장미 앞에서

퍼지고 늘어진
목단 꽃만 보다가
봉오리 장미꽃을 보니 참 좋구나!

너를 보는 순간
예 피던 내 가지에도
은근히 춘심이 도니

너와 더불어 나도
예쁜 꽃 다시 한 번
피어보고만 싶은데…

그런데 네게는
무서운 가시가 있으니…
아, 필동말동 하여라!

만답(晩答)

보고픈 나의 영원한 소녀야!
지금도 너는 그렇게 예쁘고
착하게 잘 살고 있겠지?

나는 지금 네가 보냈던
옛날 이메일을 다시 보며
널 떠올리고 있단다.

너는 그때 나를 보고
신비에 쌓인 사람이라며
궁금한 게 많다고 했었지?

그러면서 채팅이 스릴도 있고
빨라서 좋다고 했지만
내가 묵묵부답이었던 건

채팅이 싫어서가 아니고
너와의 대화가 빨리
끝나는 게 싫어서 그랬단다.

*만답(晩答): 늦게 보내는 회답

만답(晩答) 2

니가 마흔이 되던 날 너는
너무 슬퍼서 이메일로 내게 물었었지?

'선생님은 40대는 이미 지났으니
뭔가 제게 하실 말씀이 있겠다.' 고…

그리고 '60이 되니 어떠냐.'고…
무척이나 궁금해 하며 물었었지?

그런데 참 이상하게도 말이다.
40대나 60대나 70대까지도
몸밖엔 아무것도 달라진 게 없어.

굳이 한 마디만 하라면
살면 살수록 사는 게 더 좋아!

그래도 내가

싫어서 헤어진 것도 아닌데,
당신과 다시 만난다면이야
우리는 당연히 옛날로 다시
돌아갈 줄만 알았어요.

정말이지 나는 꼭
그럴 줄만 알고
여직껏 당신을 놓질 않고
강산이 변하도록 한사코 붙들었는데…

그런데 당신은
예전의 당신이 아니었어요.
당신은 너무 살아있어서
어디를 봐도 낯이 설었어요.

그래도 내가 실망하지 않는 것은
세상에 변하지 않는 것은 하나도 없으니
당신이 지금 변한 것처럼
다시 또 변할 수 있기 때문입니다.

장똘뱅이 할아버지

가마귀 떼

봄은 아직 산 너머 있는데
용화산 창공에 가마귀 떼
시커멓게 떠서
지절대며 기세 좋게 난무한다.

두 패로 갈라섰다.
세 패로 나뉘어졌다.
다시 오합지졸
한 패가 되었다가는

또 몇 마리씩 짝을 짓더니만
결국 네 패로 갈라져
동서남북으로
뿔뿔이 흩어져 내려앉는다.

하지만 저 가마귀 떼
좀 시간이 지나면 다시 올라와
대가리를 싸고 덤비며
아까 하던 짓을 또 하겠지?

아침 산책을 나갔다가

아침 운동 삼아 마을에 나갔다가
험한 소리로 마구 외쳐대는
전화소리를 우연히 듣게 되었는데…

'지금 선미 시험기간이라서 그래요.
누가 떼먹을까봐…
좀 더 기다리라니까욧….'

부모의 생활비를 빌려 쓰고
통장에 넣어주지 않아
부자간에 하는 전화 같은데…

세상 말세라더니 아들이
아버지에게 호통을 치고 있으니…
그 아버지는 지금 누구에게 말도 못하고
얼마나 피를 토하며 울고 있을까?

벙거지

청암산 억새길 따라
푹 눌러쓴 벙거지 하나
점심 먹은 비닐 봉다릴 한 손에 들고
구불구불 구불길을 걸어 내려오는데…

저만치 앞서 마주오던 장년 부부
잠시 걸음을 멈추고
갈짓자 벙거지를
물끄러미 서서 바라보고 있다.

얼굴 없는 저 벙거지
술도 먹지 않았는데,
비틀비틀 걷는 것이
아무래도 무슨 말 못 할 사연이 있나보다.

산소 가는 길에 서서

조상님들 산소를 찾아가는데…
길은 흔적도 없고,

우리 산밭에도 누가 그랬는지
더덕에다 도라지 들깨까지 심었네.

그냥 못 본 채 지나쳐버렸지만
찾아가서 만일 내가 따져 묻는다면

그 사람은 내가 없는 곳에서
나를 보고 무어라고 할까?

홍시 두 개

울 밖 콩밭머리 언덕 위
버려진 땅에 감나무 세 주를 심어놓고
해마다 끊임없이 돋는 잡초를
힘들여 매주며 키워놓았더니,

3년 만에 감 여남은 개 열리더니만
단맛도 들기' 전에 다 떨어지고
두 개만 남아 익었는데,
주황색 팔봉시가 어찌나 크고 보기에 좋은지

바로 따먹기에는 너무나 아까워서
좀 더 놓고 보다가 찬 서리나 내리면
당도도 더 높아질 테니 그때나 따서
우리 내외 하나씩 나눠먹으려고 했더니만,

아뿔사, 이게 웬 일인가!
어느 날 그 이쁜 홍시 두 개가
한꺼번에 몽땅 다 없어졌네!
지게지고 벌어놓으면 갓 쓴 놈이 먹는다더니…?

장똘뱅이 할아버지

한겨울 망태를 사러
지경장에 갔다가
리어카 행상한테 고무줄
한 묶음에 천원을 주고 샀더니…

딴 것은 안 사느냐고 해서
일회용 면도 열 개
한 묶음을 가리키며
저건 얼마냐고 물었더니…

이천 원이요! 이천 원!
중국산은 그거 천원인데
씨벌 것 증말
조옷도 아니랑게요!

구지뽕나무

한 때 우리 집 뒤란 대나무사이에서
허리 굽혀 기어 나온 구지뽕나무!
해마다 가을이 오면 주황색 열매
주렁주렁 매달고 장관을 이루었는데…

구지뽕이 성인병 약인 줄도 모르고
그냥 방치하는 바람에 씨가 떨어져
해마다 새로 돋아나는 나무들을
감당할 수 없어 경거망동 베어버렸네.

그때 구지뽕만 따먹었으면 되는 것을…
머리가 나쁘면 손발이 고생이라고
나 지금까지도 돋아나는
구지뽕 때문에 살 수가 없구나!

대곡리 계곡에서

중태기 그물망에 걸려든
다슬기 한 마리!
어찌나 크고 통통한지

우리 님을 보는 것만 같아서
나는 이끼도 벗겨주고
어루만져주고 있는데…

고놈은 무어가 그리도
못 마땅한 게 있는지
두 촉각을 곤두세우더니만,

이젠 몸통까지 버려두고
달아나려고
허우적허우적 막심을 쓰고 있다.

너도 사람들처럼 예뻐해 주면
좋아할 줄만 알았는데…
내가 잠시 착각을 했구나!

상머슴

이산 저산 소나무 씨를 받아
정원수 80여주에 분재 500여 주를
혼자 30년을 자식처럼 길러놓았더니…

구경꾼이 생기면서부터
쳐다보지도 않던 가족들도
생각이 좀 달라지는 듯도 한데…

취미삼아 시작한 일이지만
중도에서 그만 둘 수는 없으니
나, 버거운 짐을 끝내 혼자 지고 가지만,

그래도 내년 이맘때쯤 되면
소나무는 더 아름다워지겠지!
그러면서 강산이 세 번이나 변했구나!

도둑고양이

알 거름 스무 봉지를 사다가
70여개 소나무 분재 위에
여덟 개씩을 나누어 올려놓고
하루 밤을 자고 났더니…

아, 이게 웬 일인가!
개 집 근처 것만 놓아두고
알 거름이 몽땅 다 없어졌으니
도둑고양이들 짓만 같은데…

아니나 다를까 고놈들!
눈에 띄지 않는 걸 보니
거름덩이를 떡덩인 줄 알고
또 몰래 도둑질해 먹은 게 틀림없다.

어이구, 이 불쌍한 것들!
얼마나 배앓이를 했을까?
주인이 안 본다고 모를 줄 알고
아무거나 더금더금 막 집어먹어서야…

알바 아줌마

소나무 토분 하나를 사고 나서
나온 김에 알 거름도
몇 봉지 사려고 물어보니
알바 아줌마가 한 봉지에 천원이란다.

만원 값을 달라고 했더니
달랑 열 봉지만 주어서
하나를 더 달라니
만원어치 팔어서 얼마나 남느냐며 주지 않아

딴 가게에선 말하지 않아도
열한 봉지를 준다고 했더니,
주인아줌마가 옆에서 보고
두 말 않고 한 봉지를 더 주었는데…

알바 아줌마는 화가 나서
이쁘게 화장한 갈색 눈까풀을
잔뜩 내리깔고 찢어져라
알 거름 봉지를 바라보고 있네.

나는 알바 아줌마가
무섭기도 하고 미안해서
가게를 도망치 듯 서둘러 나왔지만…
아마 아줌마는 내가 만원짜리 한 봉질 산줄 아나봐.

천일염(天日鹽)

천일염에는 칼슘, 마그네슘 등
88종의 미네랄이 있어
성인병에 좋아 지금은
먹는 사람이 증가하고 있다는데…

일본에서는 진즉부터
한국산 천일염 팬들로
'한국염전 지켜내기 모임' 까지
조직되어 있는 판에,

그 좋은 천일염을 놓아두고
화학소금 염화나트륨덩어리
꽃소금만 먹어 혈압만 올렸으니…
한마디로 부끄럽구나!

2008년 3월 28일에야
'염관리법 개정안'이 발효되면서
이제야 식당에 가도
꽃소금 대신 천일염이 나오고 있으니…

남성교회 식당에서

남성교회 식당에서

내 곁을 지나가며 인사하는
집사님 웃는 모습이
하도 귀엽고 예뻐서

말이라도 좀 같이 해보고 싶어
막 말을 걸었는데…

어디서 보았는지 딴 집사님이
미끄러지듯 쪼르르 달려와서는
유치부 예배시간이라며
손을 끓고 가버렸네?

그런데도 왜 나는
집사님들이 둘 다 밉질 않고
더 귀엽고 예쁘기만 할까!

꽃꽂이

나는 오늘 장에 가서 3년생
꽃 사과나무 한 그루를 사다가
현관 앞 화단에 심었습니다.

가지 정리를 하면서 우선
꽃망울 몇 개를 떼어 소주잔에 꽂아
내 책상 귀퉁이에 놓았더니,

가냘프기만 한 것들이
끼리끼리 서로 어우러져
어찌나 깜찍하고 예쁜지

나만 보면 꼭 웃어주는
우리 교회 집사님 같이 생겨서
더 예쁘고 좋았네!

춘계 대 심방을 갔다가

나 어렸을 때 우리어머니 만들어주시던
참깨 들깨 흑임자강정에다
콩강정 쌀 튀밥강정 도너츠까지

오늘 장로님 댁에 대 심방을 갔다가
권사님이 손수 만든
옛날 먹던 강정들을 보는 순간

옛 친구를 만난 듯 반가워
골고루 몇 개 먹다가 그냥
그뜩 남겨놓고 나오기가 서운했는데…

정말 성도가 서로 교통하였는가!
권사님은 남은 걸 몽땅 다
하얀 봉다리에 담아서 내게 보내주셨으니?

기다림

청암산 팔각정에서 아까부터
사십대쯤 되어 보이는 한 여인이
누군가를 기다리고 있는 듯한데…

잠시도 앉아있질 않고 서성이는 걸 보면
꽤 오래 바람을 맞고 있는 것 같은데
시간이 갈수록 더 종종걸음을 하고 있다.

20억 기독교인은 예수를 기다리는
소망이 있기에 행복하다.
지금 나도 친구를 기다리지만
내 인생 절반을 기다리며 살았으니…

오, 기다림!
오지 않으면 맘이 아프지만,
그 기다림이 있기에 인간은 행복하지 않을까?
기다릴 것이 없다면 무슨 재미로 살까?

알밤

스산히 부는 가을바람이
내 맘을 더욱 쓸쓸하게 해서
청바지차림으로
우리아버지 산소에 올랐다가,

아버지 산소 앞 잡초를
뽑아주고 있는데,
담배초 뽑혀나간 자리에서
알밤 하나가 나왔네!

밤은 재래종 쥐밤이어서
크지는 않지만 어찌나
동글동글 야무지고
윤기가 나는지 그냥 먹기는 아까웠으니…

아버지 가신 지 다섯 번도 더
강산이 변했는데도 지금도
내가 올 줄 알고 다람쥐를 시켜서
제일 좋은 놈으로 주어다 놨나봐!

하마터면 큰일 날 뻔했습니다

어둠발이 들어서야 늦게
휴지통을 들고나가 울안 공간에
휴지를 쌓아놓고 불을 질렀습니다.

낮에 태울 때는 전혀 몰랐는데…
황당하게도 애기 손바닥만한 불꽃이
어지러이 하늘높이 솟아오르면서,

불꽃은 바람을 타고
공중에서 더욱 활활 타다가
이웃집 지붕 위에도, 대숲에도
잔디 위에도 가리지 않고
수없이 불덩어리로 내려앉고 있었으니…

하마터면 큰일 날 뻔했습니다.
다행이 기와지붕에다
아직 풀들이 푸르렀기에 망정이지…

강정

나는 오늘 당신의 선물을 받고
잔뜩 가슴이 부풀어 올랐지만,
꾹 참고 가방 속에 챙겨두었다가
집에 오자마자 꺼내보았습니다.

내 평생 이런 선물은 처음이어서
내 눈을 너무 황홀케 했는데…
경단마다 호박씨와 대추를 오려 넣어
씹는 대로 맛이 달라지니

아, 당신의 섬섬옥수 고운 손으로
손수 빚은 꽃봉오리 작품들은
그 향도 맛도 그렇지만 당신만큼이나
아름다워 더욱 좋았습니다.

먹기에도 아까운 예술품들을
오래 두면 상할까봐 경단만 먹고
강정은 내 책장 안에 당신의 분홍색
쪽지와 함께 감추어 놓았습니다.

고향 3

나 고향을 떠나온 지 반세기가 넘었으니,
강산이 변해도
다섯 번이나 변했는데도…

지금도 꿈만 꾸면 고향집에서만 꾸니…
왜 이다지도 고향은
잊을 수가 없는 걸까?

첫사랑을
영원히 잊을 수 없듯이…

사람이 세상에 태어나서
처음으로 사랑을 먹고 자란 곳이기 때문이겠지!

달맞이꽃 3

장안산자락 대곡호(大谷湖) 제방 따라
노오란 달맞이꽃 방울방울
아침 이슬 머금어 더 싱싱하고 예쁘구나!

네 아름다운 그 꽃 술!
누구에게도 보여주지 않고
깊이깊이 감추어 두었다가

일편단심
햇님도 말고
오직 달님에게만 보여주니…

그래서 나는 네가 더 예쁘단다!

사탕 하나

언제나 보면 누구에게나
사글사글 친절한 사람!
오늘은 내 팔을 감싸 안고,

호들갑을 떨면서 어영부영
내 버버리코트 봉창 속에
뭔가를 넣어주고 갔는데…

나는 잔뜩 호기심이 생겨
그 사람 간 뒤에 꺼내봤더니
내가 싫어하는 사탕 하나가 들어있네!

그런데 이 사탕은
왜 이다지도
달고도 고소하기만 할까!

투병하는 제자에게

나의 사랑스런 소녀 장아!
나는 네가 난치병을
앓고 있다는 소식을 듣고
얼마나 마음이 아팠는지 몰랐단다.

그동안엔 강산이 변하도록
소식 한번 주고받지 못했어도
너는 그곳에 잘 있으려니
그렇게만 생각하고 살았는데…

네가 그런 병을 앓고 있다는
소식을 듣는 순간 왜 그렇게
네 모습들이 자꾸만 떠오르며
보고 싶은지 난 견딜 수가 없었어!

너의 투병 소식을 듣는 순간
새삼스레 깨달은 게 있으니…
너는 그다지도 나의 소중한 사람이었는데도
나는 여직껏 그걸 모르고 있었던 거야!

투병하는 제자에게 2

나의 사랑스런 소녀 장아!
지금쯤 지구 끝 씨애틀 병석에서
외로이 전전하며 떨고 있을
널 생각하면 마음이 너무 아프구나!

가뜩이나 마음여린 네가
그 수밀도 볼에 눈물을 흘리며
얼마나 두려움에 시달리고 있을까
생각하니 더 그렇단다.

너도 이미 아는 일이지만
생명은 하나님 것이니
기도하는 자에게는 잘 못 됨이 없음을
믿고 담대하게만 살아다오!

다행이 수술이 잘 되었다니
마음 편히 살면 하나님이 꼭
널 옛날로 다시 돌려주실 거야!
나의 사랑스런 소녀 장아!

5부 내 고향 역멀은

내 고향 역멀은

내 고향 역멀은 가을이 오면
애기 배추 솎아 보글보글
솔 버섯을 따다 끓여먹던 곳!

우리 누님 메로 얻어맞던
용이네 뒷산 상수리나무조차도
나 너무 그리워 찾아갔지만…

꿈에서도 못 잊어
찾아가던 고향은
어디를 둘러봐도 보이질 않고,

밤이면 하모니카 불던 뒷재엔
억새꽃만 어우러져
쓸쓸이 나부끼고 있으니…

아, 고향은 정말
찾아가선 안 되는 곳인가!

보리밥나무 옆에서

역밀 고향 집 뒤란 언덕배기
대 섶 아래 해묵은 보리밥나무
현애 형 가지마다 다닥다닥
보리밥* 오동통 빨개지면,

우리 할머니 나를 꽃 받고
보리밥나무 밑에 가셔서
내 손으로 직접
보리밥을 따먹게 하셨으니…

나 어디서나 보리밥만 보면
우리 할머니 생각이 나니
할머니는 비록 가셨지만
지금도 나와 함께 계십니다.

*보리밥: 보리수 열매

장항선 기차를 타고

올봄에는 나도 하루쯤 일손을 놓고
장항선 완행열차를 타고
혼자 무작정 떠나고만 싶다.

달리는 차창 밖을 내다보다가
맘에 드는 곳이 나오면,
아무데나 거기 간이역에서 내려

진달래도 개나리도 피어있는
비포장 오솔길을 걷고 싶다.

막걸리에 주먹 김밥도 싸가지고 가서
걸으며 한잔 마시며 그러면서
몇 밤이고 민박을 하면서 놀다가 오고 싶다.

그때만 해도

1974년 3월 2일 내가
선유도중학교에 부임하고 나서
다음 날 바로 해질녘에
혼자 백사장에 나갔더니,

내 주먹만 한 백합 하나에
상처 입은 오징어 한 마리가
물 빠진 백사장 가에
떠밀려와 있었네.

저만큼 더 가보면
무언가 더 있을 것만 같아
착잡한 머리도 식힐 겸
망주봉 쪽으로 유람삼아 가봤더니,

다닥다닥 생굴에 쫄참게는
지천으로 깔려있고,
큰 소라들이 널려있었으니…
아, 그때만 해도 섬은 별천지였네!

2010년 여름
–기상이변–

2010년 여름은 너무 잔인했으니…
입추 말복 지나면서부터
이젠 머지않아 서풍산들바람 오겠지 하고
하루하루를 힘들게 보냈는데…

칠팔월 긴긴 장마 지나고도
구월 상순까지 거의 날마다 비가와도
35도를 오르내리는 찜통더위에

시원한 날 하루도 없이
내 생전 처음 보는
마파람 열대야만 지속되었으니…

근래 와서 팔월장마란 말이 생기고
칠팔월 내내 비가 오는 것만 보아도
우리나라 기후도 정말
아열대로 바뀐 것만 같아 두렵구나.

회상

나 대학시절 방학이 되어 집에 오면
야생화 꺾어 내 윗저고리에 꽂아주며
조롱조롱 날 따르던 단발머리
예쁘장한 소녀가 있었는데…

하루는 할 말이 있다고 했더니,
소녀는 신바람이 나서 그 후론
하루도 거르지 않고 날마다 찾아와
어서 말을 해달라며 마구 졸라댔습니다.

사랑 고백이라도 들을 줄 알고
큰 기대를 하고 있던 소녀에게
너의 집 울타리엔 남학생들이 열렸다는데,
처신을 잘하라고 나무라기만 했으니…

그 후로 소녀는 다시 오지 않았지만…
지금 생각해 보면 나도
그 하얀 스카프 단발머리 소녀를
좋아하고 있었는지도 모릅니다.

해망동 어시장에서

아내는 집에서 혼자
아버지 추도식 준비를 하고
나는 오랜만에 고삐 풀린 망아지가 되어
혼자 해망동 어시장에 갔습니다.

50대쯤 보이는 아줌마한테 아구를 사는데…
참 이쁘다고 칭찬을 해줬더니…
아구 한 마리만 그냥 싸주다가
대하 세 마리를 덤으로 넣어주었네!

오늘은 아내도 없겠다 맘 놓고
아줌마에게 물어봤습니다.
나 말고 딴 사람도 이쁘다고 하더냐고?

아줌마는 하얀 니를 내놓고
비닐봉다리를 다시 끌으더니…
이번에는 진짜베기 대하 한 마리를
덤으로 또 넣어주었네!

수송동 풍경화

나는 오늘 군산 새 시가지
수송동에 갔다가
잠시 차 안에서 혼자
친구를 기다리고 있는데…

내 앞에 하얀 차하나 서더니만…
너슬너슬 청색 핫팬츠
하얀 등거리 하나 차 안에서
통기듯 튕겨 나와 똑똑똑 길을 건너간다.

손에 쥘 듯 가냘픈 허리
터질 듯 풍만한 엉덩이가
높은 하이힐을 신고서도
출렁출렁 참 잘도 뛰어간다.

지나가는 차 하나도 없는데,
돌아올 때도 갈 때처럼
출렁출렁 그렇게 뛰어왔으니…
아, 수송동 풍경화여 너는 정말 아름답구나!

청암산 구불길에서

청암산 자락 우리 어머니 쌈 터
옛 수몰지 고사동(古寺洞)
산길을 혼자서 걷노라면

봄이면 송키를 꺾고
가을이면 머루를 따며
또래들과 얼려 벌 날듯
청암산 구불길을 오르내리던
어머니 어렸을 때 모습이 보입니다.

사춘기가 되면서는
산나물에 고사리를 꺾고
솔버섯 쇠똥버섯을 따며
몽그리고 앉아 바구니가 넘치도록
쑥을 캐던 모습도 선합니다.

어머니는 가셔서 아니 계셔도
어머니 노시던 청암산 구불길은
옛날 모습 그대로니
청암산도 수원지도 내게는 다
어머니 품같이 포근하기만 하답니다.

천년 거북이

구색을 맞추려고 호피석을 찾아
순창 나루 섬진강을 찾아갔지만,
물속에서 한나절을 더듬고 다녀도
호피석은 고사하고 개피석도 보이지 않았네.

그냥 오기가 너무 서운해서
호피석 하나에 정원에 놓고 보려고
개피석도 하나 사고나서보니
길가에 큰 오석 하나 버려져 있어…

언뜻 보아도 뭔가 보이는 것만 같아
집에 가지고 와서 수석원에 갔더니
수석 가게 주인이 보고는
너무 재밌는 돌이라며 칭찬을 하기에,

좌대를 해다가 거실에 놓으니
영락없는 거북인데…
이 천년 거북이 이 모습 이대로 남아서
너를 보는 이마다 다 무병장수하게 해다오!

추억의 학창시절

내가 고3이었을 때
새벽 기차를 타고 학교에 가면
교문에 규율부가 서 있지도 않고 해서
나는 호기심에서 단화를 신고 다녔는데…

하루는 종례시간에 담임선생님이
청소도구를 검사하시다가
내 단화를 발견하는 순간
교실은 떠나갈 듯 웃음바다가 되었네.

종례 후 선생님은 구두를 들고 나가시고
조금 후에 나는 죽을 각오를 하고
죄인이 되어 훈육실로 들어갔는데…

뜻밖에 선생님은 웃으시면서
누가 볼세라 구두를 신문지로 싸주시며
아무 말씀도 않고 가라고 하셨으니…
아, 내가 좋아했던 이덕일선생님!

내가 당한 한국전쟁 4
-9.28 수복-

1950년 9월 28일 석 달 만에 서울을 되찾던 날!
내 고향 역멀 샘 거리에서도
인공기가 불태워지고 태극기가 펄럭였으니…
나 지금까지도 그날의 감격을 잊을 수가 없네!

죽음의 코앞에서 빠져나오던 환희의 날!
아, 다시 애국가를 부르던 그때의 그 감격!
겪어보지 않은 사람이
어찌 짐작이라도 할 수 있으랴!

그날 내 고장 호남평야 전군도로에도
태극기와 유엔기를 든 환영인파가 넘치고,
하얀 니를 들어 내놓고 초코릿에 건빵을 던져주던
평화의 사도 미군 차량이 줄을 이었으니…

나도 그 출렁이는 인파 속에서 얼굴을 내밀고
목이 터져라 대한민국 만세를 불렀습니다.
선발대 흑인 병사들이 너무 정겨워서
무언가 한 마디 하고만 싶어…

내가 그날 처음 배운 영어 두 마디!
헬로우! 땡큐! 헬로우! 땡큐를
목이 터져라 목이 터져라 부르면서
우리는 모두 죽어라 죽어라 기뻐만 했습니다.

월영산(月影山)에서

(고석원 제 14시집)

지은이 / 고 석 원

2011. 5. 31. 초판 인쇄
2011. 6. 7. 초판 발행

펴낸곳 / 도서출판 엠-애드
펴낸이 / 이 승 한
서울시 중구 필동3가 10-1
전화 / 02) 2278-8063/4
팩스 / 02) 2275-8064
E-mail / madd1@hanmail.net
등록번호 / 제2-2554

마케터 / 이태영
디자이너 / 임선실
전산팀 / 임민영

정가: 6,000원

ISBN 978-89-6575-009-3